哪堪又值月圆时

달마저 밝으니 이를 또 어찌하리

한·중 문화교류의 역사, 최치원 시선
달마저 밝으니 이를 또 어찌하리
哪堪又值月圆时

초판 1쇄 인쇄 2016년 5월 31일 | 초판 1쇄 발행 2016년 6월 3일

옮긴이 | 노성미·조계홍·한정호
펴낸이 | 박재규

펴낸곳 | 경남대학교출판부
주소 | 경남 창원시 마산합포구 경남대학로 7
전화 | 055-249-2074
팩스 | 0505-999-2115
전자우편 | ko10@kyungnam.ac.kr
홈페이지 | www.kyungnam.ac.kr/press

ISBN 978-89-8421-386-9-03810

한·중 문화교류의 역사, 최치원시선
韩·中文化交流的历史, 崔致远诗选

달마저 밝으니 이를 또 어찌하리
哪堪又值月圆时

노성미·조계홍·한정호 역
卢圣美·赵继红·韩政昊 译

경남대학교출판부

| 머리말 |

월영대를 곁에 두고 최치원을 떠올린다. 아름다운 달그림자가 시인의 마음속에 드리운다. 외로운 구름처럼 떠돌던 오랜 그리움이 한 편의 시로 찾아온다.

최치원은 동국문종東國文宗이라 일컬어지는데, 이는 우리 역사와 문화에 미친 그의 문학적·학문적·사상적 업적이 지대했음을 의미한다. 그는 천 년이 지난 오늘날까지 독보적 지성으로 남아 있다.

올해는 '한·중 관광의 해'이다. 이를 기념하여 경남대학교 고운학연구소에서 각별한 인연으로 맺어진 한·중의 동학 세 사람이 최치원 한시를 번역하여 발간하게 되었다.

그동안 최치원 시문들은 여러 차례 소개된 바 있지만, 이 시집은 그의 한시를 현대적 감각에 맞게 번역하여, 한국인과 중국인이 두루 접할 수 있도록 하였다.

최치원은 수많은 시문을 남겼지만 지금까지 전하는 것은 『계원필경』에 실린 60수를 포함하여 120여 편에 불과하다. 여기에 실린 시는 최치원의 서정을 공감하고, 사람과 장소에 대한 그의 경험을 엿볼 수 있는 시를 가려 뽑은 것이다.

한·중 문화교류의 역사를 빛낸 최치원, 그의 서정을 느끼며 시공을 넘나드는 상상력을 펼쳐보는 자리가 되기를 바란다.

달마저 밝으니 이를 또 어찌하리.
천 년의 시간을 거슬러 우뚝 세워질 월영대의 꿈을 설레는 가슴에 새겨본다.

2016. 5. 30.

월영대를 품은 고운학연구소에서

前言

近在咫尺的月影台常常使我在脑海里勾勒出崔致远的身影－美丽的月光照映着诗人心田，于是孤云般的思念化作句句诗行。

崔致远被称为“东国文宗”，他的文学作品以及学术思想影响深远，以至时过千年的今天仍是唯一的至圣。

今年是“中·韩旅游年”，我们庆南大学“孤云学研究所”特出版《崔致远汉诗翻译本》，以此作为纪念。此书由中·韩两国同行们共同翻译。

其实，在此之前关于崔致远的诗文已有文集，专集，选集出版，但是此次却不同于以往。此书是中·韩两国学者共同努力的成果，尤其注重通俗易懂的效果，欲使更多人了解诗人崔致远。

崔致远虽然留下了许多诗文，但是包括《桂苑笔耕》60首在内总共也不过120首。本书收录了普通读者易读，易理解的抒情诗和有关诗人经历的诗文。

希望此书能够让我们跨越时空，展开想象的翅膀，去感受闪耀在中·韩文化交流史上的诗人崔致远。

哪堪又值月圆时.

让我们穿越千年时光将屹立的月影台梦想铭刻在激荡的心间。

2016. 5. 30.

写于坐拥月影台的孤云学研究所

| 차례 |
目录

2
청산이 좋다 말하지 마라 莫道青山好

3
우리나라 화개동은 항아리 속 별천지 东国花开洞 壶中别有天

1

달마저 밝으니 이를 또 어찌하리

哪堪又值月圆时

모래톱 沙汀

멀리 바라보면 눈꽃이 날리는 듯
약질이라 언제나 제 몸도 가누지 못하네.

모이고 흩어짐은 조수의 일렁임에 맡기고
높아지고 낮아짐도 바닷바람 부는 데 달렸네.

안개가 비단 같이 자욱하니 사람 발길 끊어지고
햇빛이 찬 서리에 비치니 학의 걸음도 더뎌지네.

떠나는 마음 섭섭하여 밤늦도록 읊조리는데
달마저 밝으니 이를 또 어찌하리오.

遠看還似雪花飛　弱質由來不自持
聚散只憑潮浪簸　高低況被海風吹
煙籠靜練人行絕　日射凝霜鶴步遲
別恨滿懷吟到夜　那堪又值月圓時

沙汀

远看似雪花飞舞
轻柔飘来飘去不能自持

相聚离散只凭海浪颠簸
高低沉浮任由海风吹拂

海雾如绸行人无踪
阳光照着白霜仙鹤踱着脚步

满腹的离别之情吟诵到深夜
无奈又是月圆的时候

바다 갈매기
海鷗

아름다운 물결 따라 나풀나풀
가벼이 깃털 터니 진정 물 위의 신선이네.

자유로이 세상 밖으로 들락날락
거침없이 하늘나라 가고 오네.

곡식의 좋은 맛도 알지 못하고
풍월의 참맛에 빠지니 가련하여라.

장자의 나비 꿈 생각해보면
내가 그대 꿈꾸는 이유를 알리라.

慢隨花浪飄飄然　輕擺毛依眞水仙
出沒自由塵外境　往來何放洞中天
稻梁滋味好不識　風月性靈深可憐
想得漆園蝴蝶夢　只應知我對君眠

海鸥

随着浪花展翅飞翔
轻拢羽毛似水中仙子

自由地出没尘世之外
往来自如你另有洞天

不懂稻粱滋味美
只识风月情无限

想得漆园蝴蝶梦
我应对你而入眠

봄바람
東風

봄바람이 바다 건너 또 불어오니
새벽 창가에서 시 읊는 내 마음 뒤숭숭하여라.

고맙게도 시절마다 돌아와 서재 휘장 흔드니
고향 동산의 꽃소식 전해주는 것 같구나.

知爾新從海外來　曉窓吟坐思難裁
堪憐時復撼書幌　似報故園花欲開

东风

知道你方从海外归来
我坐在窗前吟诗到拂晓思绪难裁

你时而轻拂书房的帷幔
好似告诉我故乡的花欲开

바닷가 봄 경치를 바라보며
海邊春望

갈매기 해오라기는 제각기 오르락내리락
멀리 물가의 그윽한 풀빛은 짙어만 가네.

지금 천리 밖에서 품은 온갖 생각
멀리 저문 구름 바라보니 아득해지네.

鷗鷺分飛高復低　遠汀幽草欲萋萋
此時千里萬重意　目極暮雲飜自迷

海边春望

海鸥、白鹭高高低低分飞
远处沙汀绿草茂密

千里之外万重思绪
远方暮云翻飞不禁迷离

봄날 새벽 한가로이

春曉閒望

산자락에 걸친 구름을 바람도 흩지 못하고
언덕 빼기 얼어붙은 눈은 햇빛도 녹이지 못하네.

홀로 경치 읊조리는 마음 가없고
오히려 모래 위 갈매기에게 기대어 외로움 달래네.

山面嬾雲風惱散　岸頭頑雪日欺銷
獨吟光景情何限　猶賴沙鷗伴寂寥

春晓闲望

山坡上吹不散的懒云使风懊恼

远处岸边不消融的顽雪使太阳心焦

美丽风景情无限

唯有沙鸥伴寂寥

들불
野燒

얼핏 보니 깃발이 펄럭이는 듯
변방으로 나아가는 군대인가 했네.

사나운 불꽃은 하늘로 치솟아 석양도 무색하고
어지러운 연기 들판을 가로질러 구름을 가르네.

말과 소 치는 데 방해된다 탓하지 마라
여우와 살쾡이 다 흩어지는 것 기쁘지 않은가.

다만 두려운 것은 바람이 산 위까지 몰아가서
옥석을 가리지 않고 모두 태우는 일이라네.

望中旌旆忽繽紛　疑是橫行出塞軍
猛焰燎空欺落日　狂煙遮野截歸雲
莫嫌牛馬皆妨牧　須喜狐狸盡喪羣
只恐風驅上山去　虛敎玉石一時焚

野烧

远处旌旗缤纷
疑是边塞军队前行

野火使落日无色
狂烟弥漫截住归云

莫嫌野火妨放牧
须喜狐狸尽丧群

只恐野火驱上山
守把玉石一并焚

진달래
杜鵑

돌 틈에 뿌리 박혀 잎 쉬이 마르고
바람과 서리에 자칫 꺾이고 상하네.

풍성한 들판의 국화는 가을 빛깔 자랑하고
바위 위의 소나무는 추위에도 끄떡없네.

가여워라 고운 빛깔로 바닷가에 섰건만
어느 누가 좋은 집 난간에다 옮겨 심을까.

여느 초목과는 다른 품격 지녔건만
애석해라, 나무꾼도 흘깃 한 번 볼 뿐.

石罅根危葉易乾　風霜偏覺見摧殘
已饒野菊誇秋艶　應羡巖松保歲寒
可惜含芳臨碧海　誰能移植到朱欄
與凡草木還殊品　只恐樵夫一例看

杜鹃

根扎石缝叶易干
遇见风霜被摧残

盛开野菊装点艳丽秋天
更羡岩石青松不畏严寒

可惜芳香杜鹃开海边
谁能将她移植自家朱栏

虽与凡俗草木不同类
唯恐樵夫将你与其它草木混为一谈

산봉우리 우뚝한 바위

山頂危石

만고의 세월을 하늘이 갈고 닦아 이루니
높고 높은 꼭대기에 삼신산처럼 섰구나.

폭포의 물살 따윈 범접할 수 없고
한가한 구름만이 자주 찾아드는데.

뾰족한 그림자 앞서 해를 맞이하고
위태로운 모습은 파도에 떨어질 듯하네.

아무리 옥을 많이 지녔어도 누가 돌아볼까
세상 모두 제 몸만 돌볼 뿐 변화를 비웃는다네.

萬古天成勝琢磨　高高頂上立青螺
永無飛溜侵凌得　唯有閒雲撥觸多
峻影每先迎海日　危形長恐墜潮波
縱饒蘊玉誰回顧　擧世謀身笑卞和

山顶危石

天然成形胜过雕琢
似高高山顶站立的青螺

永无飞流急水身边过
唯有闲云环绕多

峻峭的你迎接海日
陡峭飘摇欲坠海波

纵有良多的蕴玉谁来看
世人各自谋身嘲笑卞和

바위 위의 조그만 소나무

石上矮松

재목이 못 되어 끝내 자연에서 늙는데
골짝 아래든 바닷가든 어떠리오.

해는 저녁 그림자 이끌어 섬 나무에 나란히 두고
바람은 하늘의 별을 흔들어 물결 이는 모래밭에 흩뿌렸네.

반석에 내린 뿌리도 스스로 오래도록 굳건하거늘
어찌 세상 밖에 초탈하는 길이 아직 멀다 한탄하리오.

작은 키 부끄러움 없음을 의심하지 말라
동량이 되어 능히 안영가에 들게 되리니.

不材終得老煙霞　澗底何如在海涯
日引暮陰齊島樹　風敲夜子落潮沙
自能盤石根長固　豈恨凌雲路尙賒
莫訝低顔無所愧　棟樑堪入晏嬰家

石上矮松

不材老树经历无限风光
可惜生在涧底怎比海涯

夕阳照得树影与树同高
海风吹得松球落在沙滩上

根茎坚固深入磐石
何须自叹未成参天大树

不必羞愧自己的低矮
栋梁之木可进晏婴相府

단풍나무 紅葉樹

흰 구름 바윗가에 선녀가 섰는 듯
한 떨기 우거진 덩굴이 그림 같구나.

어여쁜 모습 세상에 있다지만
한가한 정취 그대 같지 않다네.

이슬 머금어 깨끗한 단장에 눈물이 아롱진 듯
바람 맞아 흔들리는 자태를 붙들어 주길 바라는 듯.

쓸쓸한 숲에서 읊조리니 문득 서글퍼져
오히려 산중에도 흥망이 있음을 알겠네.

白雲巖畔立仙妹　一簇煙蘿倚畵圖
麗色也知禦世有　閒情長得似君無
宿糚含露疑垂泣　醉態迎風欲待扶
吟對寒林却惆愴　山中猶自辨榮枯

红叶树

恰似云中岩畔站立的仙女
又像一簇烟箩描绘的画图

美丽身影世间有
闲情如君好似无

隔夜含露似啼眼
迎风醉态欲相扶

对吟寒冷林中忽惆怅
才知山中也有荣与枯

접시꽃 蜀葵花

거친 밭두렁 쓸쓸한 곳에
탐스런 꽃송이 가지를 눌렀네.

장맛비 그치니 꽃향기 날리고
보리 바람에 꽃 그림자 흔들리네.

수레 탄 사람들 그 누가 보아주랴
벌 나비만 부질없이 엿보네.

천한 땅에 태어난 것 스스로 부끄러워
사람들에게 버림받아도 참고 견딘다네.

寂寞荒田側　繁花壓柔枝
香輕梅雨歇　影帶麥風欹
車馬誰見賞　蜂蝶徒相窺
自愧生賤地　敢恨人棄遺

蜀葵花

寂寞地开在荒田角落里
似锦繁花压着细弱花枝

梅雨停歇飘着轻香气息
麦风飘来吹得花枝倾倚

可叹无乘车之人来观赏
徒有蜂蝶往来繁忙

自愧生长在贫贱地
独自忍受人们遗弃

눈을 읊다
詠雪

오색 붓으로 육출화 엮어내어
삼동에 읊조리니 사방에서 칭찬하네.

절구가 연구보다 나은 줄 비로소 알았으니
이때부터 꽃다운 이름이 사가를 무색케 하네.

五色毫編六出花　三冬吟徹四方誇
始知絕句勝聯句　從此芳名掩謝家

雪咏

五色彩笔绘雪花
三冬吟诵四方夸

初知绝句胜联句
从此芳名赛谢家

바위 봉우리
石峯

가파른 바위 꼭대기 하늘에 닿을 듯
바다에 해 돋자 한 송이 연꽃으로 피어나네.

형세 아찔하여 나무들 발 못 붙이고
품격 높아 오직 구름과 안개만 벗 삼네.

투명하고 차가운 모습 첫눈으로 단장하고
옥 굴리는 맑은 소리 작은 샘에서 솟아나네.

생각건대 봉래산도 다만 이와 같을지니
응당 달밤이면 여러 신선 모이리라.

巉嵒絕頂欲摩天　海日初開一朶蓮
勢削不容凡樹木　格高唯惹好雲烟
點酥寒影粧新雪　戛玉淸音噴細泉
靜想蓬萊只如此　應當月夜會羣仙

石峰

险峻山岩欲摩天
海上旭日一朵莲

陡峭山崖岂容凡花树木
品格高贵只与云雾无间

新雪装扮出凝酥般身影
泉水声音好似敲击的玉片

静静想来蓬莱也不过如此
月圆之时真应会会群仙

조수 물결

潮浪

눈서리 휘날리듯 천만 번 거듭되고
물때 따라 오가며 예전 길 되풀이하네.

그대는 종일토록 신의를 지키건만
부끄럽게도 이내 몸은 시류 좇다 말았네.

돌벽에 부딪는 소리 벼락 치는 듯하고
구름 봉우리의 노을은 부용꽃을 흔드네.

종각의 거센 바람 타겠다는 말 생각하니
웅장한 포부에 벅차 제갈량이 그리워지네.

驟雪翻霜千萬重　往來弦望躡前蹤
見君終日能懷信　慚我趨時盡放慵
石壁戰聲飛霹靂　雲峯倒影撼芙蓉
因思宗慤長風語　壯氣橫生憶臥龍

潮浪

骤雪翻霜千万重
后浪推着前浪足迹同

感叹你始终坚守一个信念
羞愧我虚度时光终日懒慵

你拍打着石壁声似霹雳
高高云峰的倒影似撼动的芙蓉

想起宗悫欲乘风破浪
壮志豪情我思念卧龙

바위 위에 흐르는 샘

石上流泉

거문고 곡조를 아무리 잘 탄다 한들
구름 밑에서 들려오는 패옥 소리만은 못하네.

맑아서 티끌 없으니 황금거울을 능가하고
가벼운 바람이 불어와 옥소반을 때리네.

소리는 장량이 말 듣지 않아 후회하는 울음 같고
흐름은 손초의 차가운 물베개 같네.

생각할수록 가엾은 그 맑고 찬 빛깔
바다로 흘러가서는 모두 한 모양 되네.

琴曲雖誇妙手彈　遠輸雲底響珊珊
靜無纖垢侵金鏡　時有輕飈觸玉盤
嗚咽張良言未用　潺湲孫楚枕應寒
尋思堪惜淸冷色　流入滄溟便一般

石上流泉

虽有妙手抚琴音
远输云底流泉声

净无微尘不染镜
时有轻风敲玉盘

可怜张良未听黄公言
漱石孙楚枕应寒

可惜流泉清冷色
流入沧海都一般

바닷가를 한가로이 거닐다

海邊閒步

조수도 밀려간 모래벌판 걷노라니
해 지는 산마루에 저녁노을 모여드네.

봄빛이 내 마음 오래 괴롭히진 않겠지만
볼수록 취하는 고향 동산의 꽃이여.

潮波靜退步登沙　落日山頭簇暮霞
春色不應長惱我　看看卽醉故園花

海边闲步

潮水退去慢步沙滩
落日山头晚霞漫天

春天美景不应再恼我
即将看花在故园

가을 밤 비는 내리는데

秋夜雨中

가을바람에 홀로 괴로이 시 읊조리니
세상에 나를 알아주는 이 없구나.

창 밖에는 삼경에 비만 내리는데
등불 마주한 내 마음은 어느덧 만 리 밖을 달리네.

秋風惟苦吟　世路少知音
窓外三更雨　燈前萬里心

秋夜雨中

秋风瑟瑟唯苦吟
世上之路少知音

窗外下着三更雨
灯前万里思乡心

바다에 배 띄우고
泛海

돛 걸어 창해에 배 띄우니
긴 바람이 만 리로 통하네.

뗏목 탔던 한나라 사신이 생각나고
불사약 구하던 진나라 동자가 떠오르네.

해와 달은 허공 밖에 있고
하늘과 땅은 태극의 가운데라네.

봉래산이 지척에 보이는 듯
나 또한 신선을 찾으리라.

掛席浮滄海　長風萬里通
乘槎思漢使　採藥憶秦童
日月無何外　乾坤太極中
蓬萊看咫尺　吾且訪仙翁

泛海

挂帆泛海中
借风万里通

乘槎思汉使
採药忆秦童

日月在天外
乾坤太极中

蓬莱近咫尺
我也访仙翁

석류 石榴

뿌리는 진흙을 사랑하고 성품은 바다를 좋아해
열매는 구슬 같고 껍질은 게 껍질 같네.

시고도 단맛 어느 때 맛보려나
잎 지고 바람 높은 시월이라네.

根愛泥沙性愛海　實如珠玉甲如蟹
酸中甘味何時來　葉落風高月建亥

石榴

根爱泥沙性情爱海
果实珠玉外壳如蟹

酸中带甜何时尝
叶落风高十月间

봄날 새벽에 우연히 쓰다
春曉偶書

동으로 흐르는 물은 돌아오지 못하고
경치만 시를 재촉해 사람을 괴롭히네.

정을 품은 아침비는 가늘디 가는데
아리따운 좋은 꽃은 필 듯 말 듯.

난세라 좋은 경치 주인도 없고
부생의 명리도 아득하기만 하네.

생각하니 유령의 아내 한스러워라
억지로 남편에게 술잔 멀리하라 하다니.

叵耐東流水不回　只催詩景惱人來
含情朝雨細復細　弄艷好花開未開
亂世風光無主者　浮生名利轉悠哉
思量可恨劉伶婦　强勸夫郎疎酒盃

春晓偶书

无奈东流水无回
美景摧诗使人累

含情朝雨细又细
待放含苞开未开

乱世美景竟无主
浮生名利遥无期

可怜当年刘伶妇
强劝夫君把酒疏

옛 뜻
古意

여우는 미인으로 둔갑하고
살쾡이가 서생으로 행세하네.

누가 알리, 짐승의 무리들이
사람 모습을 하고 호리는 것을.

변화하는 것은 어렵지 않겠지만
마음잡기 진정 어려워라.

참과 거짓 분별하려거든
원컨대 마음의 거울 닦고 보아라.

狐能化美女　狸亦作書生
誰知異種物　幻惑同人形
變體想非艱　操心良獨難
欲辨眞與僞　願磨心鏡看

古意

狐狸幻化美女
狸猫变作书生

谁知不同物种
竟然变成人形

外表变换并非难
抓住人心才是真

欲辨真与伪
愿磨心镜看

2

莫道青山好

청산이 좋다 말하지 마라

장안의 여관에서 이웃의 우신미 장관에게

長安旅舍與于愼微長官接隣有寄

중국의 객지생활 오래 되어도
만 리에서 온 사람이라 부끄러움 많다네.

안회처럼 누항을 감내하지 못하지만
맹자 같은 좋은 이웃 사귀게 되었네.

도리 지키며 오직 옛글 배울 뿐이니
사귀는 정을 어찌 가난하다 꺼리리오.

타향에서 나를 알아줄 이 없으니
그대를 자주 찾아가도 싫어하지 마오.

上國羈棲久　多慙萬里人
那堪顔氏巷　得接孟家隣
守道唯稽古　交情豈憚貧
他鄕少知己　莫厭訪君頻

长安旅舍与于慎微长官接邻有寄

羁居上国久
来自万里惭愧多

未能学颜回居陋巷
却迎来孟子搬邻友

每日守道习古书
朋友情深不嫌贫

久居他乡知己少
莫烦频频拜访君

늦은 봄날에 사신으로 간 벗 고운에게

暮春即事和顧雲友使

봄바람에 온갖 향기 맡으니
마음은 긴 버들가지처럼 늘어지고.

소무의 편지가 변방에서 돌아오니
장주의 꿈은 떨어지는 꽃잎을 좇는다네.

남은 시간 핑계 삼아 아침마다 취하건만
이별하는 심정 일일이 헤아리기 어려워라.

때는 바야흐로 기수에 멱 감는 시절
옛날 놀던 백운향 생각이 애달프네.

東風遍閱百般香　意緒偏饒柳帶長
蘇武書回深塞盡　莊周夢逐落花忙
好憑殘景朝朝醉　難把離心寸寸量
正是浴沂時節日　舊遊魂斷白雲鄉

暮春即事

和顧云友使

东风阅遍百种清香
唯独钟情垂柳长长

边塞传来苏武家信
庄周梦里追逐落花忙

剩余时光借以美景朝朝醉
离家乡愁难以衡量

恰逢沂水沐浴日
魂断故地白云乡

태위에게 시로써 사례하다
부모님 장수를 기원하는 예물을 받고

行次山陽續蒙太尉寄賜衣段
令充歸覲續壽信物謹以詩謝

예부터 금의환향 자랑하지만
장경과 옹자라는 헛된 이름 차지했네.

이미 나라와 태위의 신표를 전해 받았으니
가문의 영광이요 나라의 영화로다.

만리 땅 비로소 돌아가게 되었건만
마음 한편으로 다시 오길 생각하네.

멀리 부모님 계신 곳 그려 보니
삼신산이 눈가에 어리네.

自古雖誇晝錦行　長卿翁子占虛名
旣傳國信兼家信　不獨家榮亦國榮
萬里始成歸去計　一心先筭却來程
望中遙想深恩處　三朶仙山目畔橫

行次山阳续蒙太尉
寄賜衣段令充归覲
續壽信物謹以诗謝

自古夸赞衣锦还乡

我却徒有长卿翁子之虚名

传达国信兼家信

即荣家族也是国荣

离家万里讨得归乡机会

反倒一心盘算返回路程

眺望远方父母深恩处

三朵仙山进入我眼中

강남 여자
江南女

강남은 풍속이 방탕하여
딸들을 교태롭고 예쁘게만 기른다네.

요염한 성품에 바느질 싫어하고
분단장 하고 관현만 다룬다네.

고상한 노래는 배우지 않고
온통 춘정에만 이끌린다네.

스스로 꽃다운 얼굴이라 이르며
언제까지나 청춘일 줄 안다네.

이웃집 여자를 비웃기를
하루 종일 베를 짜도

베 짜느라 네 몸만 고달플 뿐
비단옷은 네 차지 아니라 하네.

江南湯風俗　養女嬌且憐
性冶恥針線　粧成調管絃
所學非雅音　多被春心索
自謂芳華色　長占艶陽年
却笑隣舍女　終朝弄機杼
機杼縱勞身　羅衣不到汝

江南女

江南风俗多放荡
养女娇羞使人怜

性媚不愿拿针线
只管容妆与管弦

所学乐曲多不雅
满是春心荡无边

自觉年少芳华色
以为常是艳阳天

嘲笑邻家好女子
终日纺纱不得闲

机杼穿梭劳身体
不见罗衣披上肩

당성에서 나그네로 노닐며 선왕의 악관에게

旅遊唐城贈先王樂官

사람살이 번성하면 다시 기우는 법
정처 없는 인생 참으로 서럽구나.

그 누가 알았으리 천상의 곡조
이 바닷가에서 부르고 있을 줄.

물가 전각에선 꽃을 보며 불었고
바람 부는 창가에선 달을 보며 불었지.

선왕은 죽어 다시 만날 수 없어
그대와 함께 마주 눈물 흘리네.

人事盛還衰　浮生實可悲
誰知天上曲　來向海邊吹
水殿看花處　風欞對月時
攀髯今已矣　與爾淚雙垂

旅游唐城赠先王乐官

世事盛衰不定
他乡浮生真可怜

谁知天上妙曲
吹自这海边

曾在水边宫殿赏花
微风窗边对月圆

而今先王归西去
只有与君泪双眼

겨울 산사에 노닐며 이전 장관에게 화답하다

和李展長官冬日遊山寺

잠시 선방에 노니 생각이 새록새록
이처럼 희귀한 산수를 사랑하게 되네.

좋은 경치 오래 머물지 못함이 안타까워
한가로이 읊조리며 돌아갈 집도 잊어버리네.

스님은 샘 찾아 얼음 깨어 물 긷고
학이 솔가지 뜨니 눈이 흩날리네.

시와 술을 즐기던 도연명을 일찍이 만났더라면
세상의 명리 벌써 잊었을 것을.

暫遊禪室思依依　爲愛溪山似此稀
勝境唯愁無計住　閑吟不覺有家歸
僧尋泉脈敲氷汲　鶴起松梢擺雪飛
曾接陶公詩酒興　世途名利已忘機

和李展长官
冬日遊山寺

暂游禅寺思绪延绵
稀有山川景色可爱无限

唯恐美丽景色留不住
悠闲吟诗竟忘归家路

僧人寻泉敲冰汲水
仙鹤踱步松稍飞雪

如见陶渊明的诗与酒
定忘世间功名利禄

가을날 다시 우이현을 지나며 이 장관에게

秋日再經盱眙縣 寄李長官

나그네길 다시 돌아 은혜를 입으니
가을바람에 읊조리며 어그러진 신세 한탄하네.

문 앞의 새로 난 버들잎은 이미 시들었건만
나그네 옷은 아직 작년 그대로네.

하늘처럼 아득한 길, 시름 속에서 늙어가니
바다 건너 고향집은 꿈에서나 돌아갈까.

우서워라, 이 몸은 봄날의 제비같이
화려한 들보 위에 또 날아드네.

孤蓬再此接恩輝　吟對秋風恨有違
門柳已凋新歲葉　旅人猶着去年衣
路迷霄漢愁中老　家隔煙波夢裏歸
自笑身如春社燕　畫梁高處又來飛

秋日再经盱眙县寄李长官

孤独旅人再蒙恩辉
对吟秋风恨离悲

门柳新芽已凋谢
游子仍穿去年衣

霄汉路上愁老去
隔海故乡梦里归

可笑我如春日燕
又来高出寻雕梁

수재 양섬을 보내며

酬楊贍秀才送別

바다에 뗏목 배는 이태마다 돌아오는데
재주 없어 금의환향 못하니 부끄러워라.

잠시 무성에서 이별할 땐 낙엽 지더니
멀리 봉래섬 찾아갈 땐 꽃피는 시절이라.

골짜기의 꾀꼬리는 벌써 높이 날았으련만
요동의 흰 돼지 또 바치려니 부끄러워라.

부디 장한 마음으로 훗날 다시 만나서
광릉 풍월에 술잔 마주하길 바라네.

海槎雖定隔年廻　衣錦還鄕愧不才
暫別蕪城當葉落　遠尋蓬島趁花開
谷鶯遙想高飛去　遼豕寧慙再獻來
好把壯心謀後會　廣陵風月待銜杯

酬杨瞻秀才送别

归乡木筏隔年回
未能衣锦还乡颇惭愧

暂别芜城树叶落
远寻蓬莱花正开

山谷黄鹂高飞去
辽东白豕羞献来

壮志雄心望再聚
风月广陵酒一杯

중양절 국화를 읊으며 시어사 고운에게 화답하다

和顧雲侍御重陽詠菊

자줏빛 꽃받침에 붉은 꽃 만발하나
평범하고 속된 자태 볼품이 별로 없네.

어찌 삼추 시절에 피는 꽃과 같으랴
국화 홀로 중양절의 환희를 바치네.

술은 여향을 띄워 앉은 자리 훈훈하게 하는데
해는 찬 그림자를 옮겨 서리 친 난간에 걸었네.

단지 시인의 마음 슬프고 안타까울 뿐
바람 앞에 시들어 떨어지는 것 차마 보지 못하겠네.

紫萼紅葩有萬船　凡姿俗態少堪觀
豈如開向三秋節　獨得來供九夕歡
酒泛餘香薰坐席　日移寒影掛霜欄
只應詩客多惆悵　零落風前不忍看

和顾云侍御重阳咏菊

紫色花萼红色花
凡姿俗态怎能攀

岂如三秋时节花
独自九月呈欢颜

酒香余味饶席间
日移寒影挂霜栏

饮酒诗客多惆怅
风中零落不忍看

섣달 그믐날 밤 친구의 시에 화답하다

和友人除夜見寄

그대여 노래 부르고 시나 읊조리며
한 해의 포부 이루지 못한 것 한탄 말세.

다행히 봄바람이 돌아갈 길 맞아준다면
꽃피는 시절엔 신라에 도착할 걸세.

與君相見且歌吟　莫恨流年挫壯心
幸得東風已迎路　好花時節到雞林

和友人除夜见寄

与君相见歌且吟
莫恨流年挫壮心

幸得东风已迎路
花好时节到鸡林

금방울놀이
金丸

빙빙 돌며 팔 저어 금방울 놀리니
달이 돌고 별이 뜬 듯 눈앞이 어찔하네.

의료가 있다 한들 이보다 낫겠는가
참으로 큰 바다 물결도 잠재우겠네.

賄身掉臂弄金丸　月轉星浮滿眼看
縱有宜僚那勝此　定知鯨海息波瀾

金丸

转身舞臂弄金丸
月转星浮入眼帘

宜僚弄丸不胜此
可谓大海息波澜

다리꼭지춤

月顚

어깨 세우고 목은 우쭐 꼭다리는 오뚝
한량들 팔 걷어붙이고 술잔 다투네.

노래 소리에 사람들 모두 웃으니
초저녁에 올린 깃발 새벽까지 이어지네.

肩高項縮髮崔嵬　攘臂群儒鬪酒杯
聽得歌聲人盡笑　夜頭旗幟曉頭催

月颠

肩高项缩束发高
群儒挽袖换盏推杯

歌声使人尽欢笑
傍晚旗帜飘翌晓

탈춤 大面

누런 금빛 가면 쓴 사람
방울 달린 채찍 잡고 귀신을 쫓네.

빠른 걸음 느린 가락 우아하게 춤추니
붉은 봉황이 봄날에 춤추는 듯.

黃金面色是其人　手抱珠鞭役鬼神
疾步徐趨呈雅舞　宛如丹鳳舞堯春

大面

金色假面如常人
手持珠鞭役鬼神

疾步徐移翩弄舞
宛如丹凤舞尧春

꼭두각시춤

束毒

쑥대머리 파란 얼굴 희한한 모습
짝을 지어 뜰에 와서 원앙춤 추네.

북소리 둥둥 바람은 살랑살랑
요리 조리 뛰놀기 끝이 없네.

蓬頭藍面異人問　押隊來庭學舞鸞
打鼓冬冬風瑟瑟　南奔北躍也無端

束毒

蓬头蓝脸像奇特
押队出来跳鸾舞

打鼓冬冬風瑟瑟
舞到北来奔到南

사자춤

狻猊

멀리 사막 건너 만리를 왔기에
털은 다 빠지고 먼지 뒤집어썼네.

머리 흔들고 꼬리치며 노는 착한 덕
온갖 짐승들 재주 좋아도 이와 같으랴.

遠涉流沙萬里來　毛衣破盡着塵埃
搖頭掉尾馴仁德　雄氣寧同百獸才

狻猊

穿越沙漠万里来
毛衣破尽满尘埃

摇头晃尾虽温顺
雄霸怎同百兽才

세태에 빗대어
寓興

원컨대 이욕의 문을 막아
부모께 받은 몸 상하지 마라.

어찌하여 이끝 좇는 사람들
목숨 가벼이 바다 밑에 들어가나.

몸의 영화는 티끌에 물들기 쉽고
마음의 때는 잘못을 씻기 어렵다네.

담박한 맛을 누구와 의논하리
세상 사람들 단술만 즐기는 것을.

願言扃利門　不使損遺體
爭奈探珠者　輕生入海底
身榮塵易染　心垢非難洗
澹泊與誰論　世路嗜甘醴

寓兴

但愿关上利益门
不损父母所受身

无奈世上探珠者
多是葬于海底深

荣华富贵尘世染
心中污垢难洗尘

淡泊名利谁与论
世间谁人不爱醴

어느 중에게
贈山僧

중아, 청산이 좋다고 말하지 말라
산이 좋으면 무엇 하러 나오느냐.

두고 보라, 훗날 나의 자취를
한 번 청산에 들면 다시는 나오지 않으리.

僧乎莫道青山好　山好何事更出山
試看後日吾踪跡　一入青山更不還

赠山僧

山僧莫道青山好
山好为何别青山

试看日后吾踪跡
一入青山不再还

3

东国花开洞壶中别有天

우리나라 화개동은 항아리 속 별천지

산양에서 고향 친구와 작별하며

山陽與鄕友話別

서로 만나 잠시 즐거웠던 초산의 봄
또 다시 헤어지려니 눈물이 수건을 적시네.

바람결에 슬픈 눈길 이상하다 여기지 마오
타향에서 고향사람 만나기는 참으로 어렵다네.

相逢暫樂楚山春　又欲分離淚滿巾
莫怪臨風偏悵望　異鄕難遇故鄕人

山阳与乡友话别

短暂相逢楚山赏春
又到话别时分泪满巾

莫怪春风中惆怅相望
异乡难遇故乡人

봄날 시골 정자에서 벗의 시에 화답하다

和友人春日遊野亭

매일 시와 술로 평생을 즐기는데
봄 깊은 양제성을 그냥 보내랴.

한 눈에 드는 경치 끝도 없어
칠언시로 이 정취 담으려 하네.

비단처럼 펼쳐진 꽃은 나비를 머물게 하고
명주 같이 고운 버들은 꾀꼬리를 붙드네.

좋은 벗 서로 불러 술 취하는 자리에
환영도 못 당할 그대 학식 부러워라.

每將詩酒樂平生　况値春深煬帝城
一望便驅無限景　七言能寫此時情
花鋪露錦留連蝶　柳織燃絲惹絆鶯
知己相邀勸醉處　羨君稽古賽桓榮

和友人春日遊野亭

每以诗酒欢乐时
正是炀帝城中春意浓

一望无际好景色
唯有七言抒我情

蝴蝶留恋似锦鲜花
丝般细柳绊黄鹂

知己相劝醉酒处
慕君学识赛桓荣

조어정
釣魚亭

비단 자리 꽃그늘에서 앵무배를 날리고
늘어진 소매 바람 앞에서 자고사를 부르네.

선가의 시와 술의 흥취 얻어서
한가히 달 읊으며 봉래산을 생각하네.

錦筵花下飛鸚鵡　羅袖風前唱鷓鴣
占得仙家詩酒興　閒吟烟月憶蓬壺

钓鱼亭

花下盛美佳宴互碰鹦鹉杯
微风吹拂罗袖吟唱鹧鸪词

占得仙家诗酒兴致
望月闲吟思念蓬壶

요주 파양정에서

饒州鄱陽亭

석양에 서서 읊조리니 생각은 끝이 없고
만고강산이 한 눈에 들어오네.

태수는 백성 걱정에 잔치를 멀리 하니
경치는 고기 잡는 늙은이 차지라네.

夕陽吟立思無窮　萬古江山一望中
太守憂民疏宴樂　滿江風月屬漁翁

饶州鄱阳亭

夕阳下吟诗思绪无穷
万古江山尽收眼中

太守忧民远离丝竹宴请
满江的风月独有渔翁拥

해동으로 돌아갈 무렵 참산의 봄 경치를 바라보며

將歸海東巉山春望

아득한 물안개 저편을 바라보니
새벽 새 나는 곳 고향인가 싶어라.

나그네 시름도 이젠 그만 그치고
행색도 웬만큼 웃음 띠게 되었네.

물결은 모래톱 밀고 꽃은 언덕 어지럽히고
구름은 바위를 단장하고 잎은 산을 덮었네.

장사하러 왕래하는 사람들에게 말하노니
천금으로 한가함을 살 사람 누가 있는가.

目極煙波浩渺間　曉烏飛處認鄉關
旅愁終此休凋鬢　行色偏能助破顏
浪蹙沙頭花撲岸　雲粧石頂葉龍山
寄言來往鴟夷子　誰把千金解買閒

将归海东
巉山春望

眺望远处烟波浩渺
晨鸟飞处是我乡关

游子旅愁终于此
行色逐渐露笑颜

海浪推波浪花扑岸
白云妆扮岩石绿叶笼罩青山

寄语过往渡海商人
谁愿散去千金买悠闲

길을 가다가
途中作

갈림길 먼지 덮어쓰며 동서로 헤매면서
홀로 여윈 말 타고 다니며 얼마나 고생했던가.

돌아감이 좋은 줄 모르는 것 아니지만
돌아가도 내 집은 여전히 가난하리니.

東飄西轉路岐塵　獨策羸驂幾苦辛
不是不知歸去好　只緣歸去又家貧

途中作

东漂西移尘路崎岖
独骑瘦马几多艰辛

不是不知归去好
只缘归去家中贫

여관에 밤비 내리는데

郵亭夜雨

늦가을 비 내리는데 여관에 들어
차가운 창가에 고요히 등불 밝힌다.

가련하구나, 시름 속에 앉은 내 모습
정녕 선정에 든 중이로구나.

旅館窮秋雨　寒窓靜夜燈
自憐愁裏坐　眞箇定中僧

邮亭夜雨

旅馆深秋雨
寒窗静夜灯

可怜独自愁
胜过参禅僧

운봉사에서
題雲峯寺

칡덩굴 부여잡고 운봉에 올라
굽어보니 세상은 텅 비었네.

천 산은 손바닥에 흩어져 있고
만사는 가슴 속에서 탁 트이네.

탑 그림자는 하늘 가의 눈이요
솔 소리는 반공의 바람이네.

안개와 노을이 나를 비웃겠네
발길 돌려 다시 속세로 들어가니.

捫葛上雲峯　平觀世界空
千山分掌上　萬事豁胸中
塔影日邊雪　松聲天半風
煙霞應笑我　回步入塵籠

题云峰寺

紧抓葛藤攀云峰
俯瞰世界一切空

千山在手中
万事心中明

塔影恰似天边雪
风吹松树半空声

海边烟霞应笑我
回头仍需入尘笼

황산강 임경대
黃山江臨鏡臺

연기 낀 봉우리 우뚝하고 물은 출렁출렁
물에 비친 인가는 푸른 산을 마주했네.

외로운 배는 바람 싣고 어디론가 가고
잠깐 사이 새는 날아 아득히 사라지네.

煙巒簇簇水溶溶　鏡裏人家對碧峰
何處孤帆飽風去　瞥然飛鳥杳無蹤

黄山江临镜台

烟雾缭绕山峦簇簇江水溶溶
水中倒映的人家面对碧色山峰

风送孤帆何处去
瞥然飞鸟影无踪

화개동 1
花開洞 一

우리나라 화개동은
항아리 속 별천지.

선인이 옥 베개를 권하니
몸과 세상이 어느새 천 년일세.

東國花開洞　壺中別有天
仙人推玉枕　身世欻千年

花开洞一

东国有个花开洞
洞内如壶别有天

仙人递给我玉枕
谁知竟然过千年

화개동 2

花開洞 二

골짜기마다 물소리 우레 같고
봉우리마다 초목은 비에 새로워라.

산에 든 중은 세월을 잊고서
나뭇잎으로만 봄을 기억하네.

萬壑雷聲起　千峯雨色新
山僧忘歲月　惟記葉間春

花开洞 二

万壑川流如雷鸣
千峰绿叶雨过新

山僧忘却岁月逝
唯独铭记叶中春

화개동 3
花開洞 三

비 그치니 대 빛깔 더욱 짙고
옮겨 앉으니 흰 구름 열리네.

고요는 나를 잊게 만들고
솔바람이 베갯머리에 스치네.

雨餘多竹色　移坐白雲間
寂寂因忘我　松風枕上來

花开洞 三

雨后竹色更青翠
恰似移坐白云间

周围寂静忘自我
松风吹到我枕边

화개동 4
花開洞 四

봄이 오니 꽃이 땅에 가득하고
가을이 가니 낙엽이 하늘에 날리네.

지극한 도는 문자를 떠나서
원래부터 눈앞에 있다네.

春來花滿地　秋去葉飛天
至道離文字　元來在目前

花开洞四

春天鲜花开满地
秋天落叶飞满天

离开文字谈至道
原来就在我眼前

화개동 5
花開洞 五

시내에 달이 처음 솟아나고
솔바람도 고요한 때에.

두견새 소리 귀에 들려오니
깊은 흥취를 절로 알겠네.

澗月初生處　松風不動時
子規聲入耳　幽興自應知

花开洞 五

山涧月亮初升起
无风松树不动时

杜鹃啼鸣声入耳
幽情只有自己知

화개동 6
花開洞 六

숲속의 흥취를 말하려 해도
어느 누가 이 맛을 알겠는가.

무심히 달빛을 보면서
말없이 돌아갈 때를 잊네.

擬說林泉興　何人識此機
無心見月色　默默坐忘機

花开洞 六

欲说林泉兴致
无人知道意境

无心抬头见月色
静默却忘归去时

화개동 7
花開洞 七

은밀한 뜻 어찌 말로 다하리
강이 맑으니 달그림자와 통하네.

긴 바람이 골짜기에서 불어오니
붉게 물든 가을 산이 텅 비었네.

密旨何勞說　江澄月影通
長風生前壑　赤葉秋山空

花开洞 七

心中秘密何劳说
江水清澈月晓得

谷风徐徐穿山来
枫叶红红满山空

화개동 8
花開洞 八

소나무에 푸른 덩굴 얽히고
시내에는 흰 달 흐르네.

바위샘 한 번 울리니
온 골짜기에 눈발이 날리네.

松上青蘿結　澗中流白月
石泉吼一聲　萬壑多飛雪

花开洞 八

松上绿藤挂
山涧银月流

石泉一声吼
万壑雪满天

가야산 독서당
題伽倻山讀書堂

세찬 물결 바위에 부딪쳐 온 산을 울리니
사람 소리 지척에도 알아듣기 어려워라.

언제나 시비소리 귀에 들릴까 두려워
흐르는 물로 온 산을 둘렀네.

狂奔疊石吼重巒　人語難分咫尺間
常恐是非聲到耳　故敎流水盡籠山

题伽倻读书堂

激流冲洗山峦间
难辨咫尺在交谈

常恐是非绕耳畔
有意浸在山水间